44 Batidos Proteicos Caseros para Fisiculturistas:

Incremente el Desarrollo Muscular sin Pastillas, Suplementos de Creatina o Esteroides Anabólicos

Por

Joseph Correa

Nutricionista Deportivo Certificado

DERECHOS DE AUTOR

© 2016 Correa Media Group

Todos los derechos reservados

La reproducción o traducción de cualquier parte de este trabajo, más allá de lo permitido por las secciones 107 ó 108 del Acta de Derechos de Autor de Estados Unidos de 1976, sin el permiso del dueño del derecho, es ilegal.

Esta publicación está diseñada para proveer información precisa y autoritaria respecto al tema cubierto. Es vendido con el entendimiento de que ni el autor ni el editor se dedican a prestar consejo médico. Si éste fuese necesario, consulte con un médico. Este libro es considerado una guía, y no debe ser usado en ninguna forma perjudicial para su salud. Consulte con un médico antes de comenzar con este plan nutricional para asegurarse que sea correcto para usted.

RECONOCIMIENTOS

La realización y éxito de este libro no podrían haber sido posibles sin mi familia.

44 Batidos Proteicos Caseros para Fisicoculturistas:

Incremente el Desarrollo Muscular sin Pastillas, Suplementos de Creatina o Esteroides Anabólicos

Por

Joseph Correa

Nutricionista Deportivo Certificado

CONTENIDOS

Derechos de Autor

Reconocimientos

Acerca del Autor

Introducción

44 Batidos Proteicos Caseros para Fisicoculturistas

Otros Grandes Títulos de este Autor

ACERCA DEL AUTOR

Como nutricionista deportivo certificado y atleta profesional, creo firmemente que una nutrición apropiada le ayudará a llegar a sus objetivos más rápido y eficazmente. My conocimiento y experiencia me han ayudado a vivir más sano a lo largo de los años, los cuales he compartido con familia y amigos. Cuanto más sepa sobre comer y beber sano, más rápido querrá cambiar su vida y sus hábitos alimenticios.

Ser exitoso en controlar su peso es importante, ya que mejorará todos los aspectos de su vida.

La nutrición es una parte clave en el proceso de obtención de un mejor cuerpo y es eso de lo que este libro se trata.

INTRODUCCIÓN

44 Batidos Proteicos Caseros para Fisicoculturistas le ayudará a incrementar la cantidad de proteína que consume diariamente para obtener mayor masa muscular. Estas comidas le ayudaran a incrementar músculo de forma organizada, mediante el agregado de grandes porciones saludables de proteína a su dieta. Estar demasiado otazaado para comer bien puede, a veces, convertirse en un problema, y es por esto que este libro le ahorrará tiempo y ayudará a nutrir su cuerpo para alcanzar los objetivos que quiera. Asegúrese de saber qué está comiendo al cocinarlo usted mismo o teniendo a alguien que lo haga por usted.

Este libro le ayudará a:

-Ganar músculo naturalmente rápido.

-Mejorar la retazaeración muscular

-Tener más energía

-Acelerar su metabolismo naturalmente para crear más músculo

-Mejorar su sistema digestivo

Joseph Correa es un nutricionista deportivo certificado y atleta profesional.

44 BATIDOS PROTEICOS CASEROS PARA FISICOCULTURISTAS

1. **Batido de Proteína de Tomate:**

Ingredientes:

1 vaso de leche desnatada

¼ cucharadita de canela

1 tomate pequeño

1 zanahoria rallada

1 cucharadita de azúcar negra

Preparación:

Lavar y cortar el tomate en pequeños cubos. Pelar y rallar la zanahoria. Querrá cortar la zanahoria en tiras finas. Mezclar los ingredientes en una licuadora y mantener en la nevera.

Valores nutricionales para 1 vaso:

Carbohidratos 10.9g

Azúcar 7.85g

Proteína 4.38g

Grasas totales 2.31g

Sodio 84mg

Potasio 423mg

Calcio 283.7mg

Hierro 0.832mg

Vitaminas (Ácido ascórbico total de vitamina C; B-6; B-12; Folato-DFE; A-RAE; A-IU; E-tocoferol alfa; D; D-D2+D3; Tiamina; Niacina)

Calorías 80

2. Batido de Proteína Vegetal

Ingredientes:

1 taza de brócoli cortado

medio atado de espinaca fresca

½ taza de yogurt bajo en grasas

1 cucharadita de miel

pocas hojas de menta

¼ taza de agua

Preparación:

Lavar los vegetales y poner en una licuadora. Agregar algunos cubos de hielo y licuar hasta obtener una mezcla homogénea.

Valores nutricionales para 1 vaso:

Carbohidratos 12.32g

Azúcar 7.16g

Proteína 4.95g

Grasas totales 2.78g

Sodio 79mg

Potasio 243.6mg

Calcio 117mg

Hierro 2.65mg

Vitaminas (Ácido ascórbico total de vitamina C; B-6; B-12; Folato-DFE; A-RAE; A-IU; E-tocoferol alfa; D; D-D2+D3; K-filoquinona; Tiamina; Riboflavina; Niacina)

Calorías 81.3

3. Batido Proteico de frutas y vegetales mezclados

Ingredientes:

1 taza mixta de arándanos, frambuesas, moras y fresas.

½ taza de espinaca cortada

2 claras de huevo

½ taza de yogurt bajo en grasas

1.5 vaso de agua

Preparación:

Lavar la espinaca y poner en una licuadora. Mezclar 2 claras de huevo con el yogurt bajo en grasa, agregar agua y poner en la licuadora. Por último, agregar las frutas y mezclar por unos minutos.

Valores nutricionales para 1 vaso:

Carbohidratos 11.27g

Azúcar 8.11g

Proteína 5.85g

Grasas totales 2.94g

Sodio 85mg

Potasio 259.6mg

Calcio 113mg

Hierro 2.03mg

Vitaminas (Ácido ascórbico total de vitamina C; B-6; B-12; Folato-DFE; A-RAE; A-IU; E-tocoferol alfa; D; D-D2+D3; K-filoquinona; Tiamina; Riboflavina; Niacina)

Calorías 72.6

4. Batido proteico de Melón

Ingredientes:

¼ taza de fresas frescas

¼ de banana

1 rodaja de melón

½ cucharadita de canela

¼ taza de nueces cortadas

1 cucharadita de azúcar negra

Preparación:

Mezclar los ingredientes en una licuadora y espolvorear con canela. Dejar en la nevera y servir frío.

Valores nutricionales para 1 vaso:

Carbohidratos 13.24g

Azúcar 9.19g

Proteína 7.92g

Grasas totales 3.54g

Sodio 91mg

Potasio 273.6mg

Calcio 119mg

Hierro 2.09mg

Vitaminas (Ácido ascórbico total de vitamina C; B-6; B-12; Folato-DFE; A-RAE; A-IU; E-tocoferol alfa; D; D-D2+D3; K-filoquinona; Tiamina; Riboflavina; Niacina)

Calorías 78

5. Batido proteico de frutillas:

Ingredientes:

1 taza de fresas

½ taza de leche desnatada

1 cucharadita de jarabe de agave

Preparación:

Mezclar los ingredientes en una licuadora por unos minutos. Dejar en la nevera por unos minutos y servir frío. Puede agregar algunos cubos de hielo.

Valores nutricionales para 1 vaso:

Carbohidratos 8.19g

Azúcar 4.05g

Proteína 4.97g

Grasas totales 2.64g

Sodio 62mg

Potasio 197.9mg

Calcio 111mg

Hierro 1.23mg

Vitaminas (Vitamin C; B-6; B-12; E-tocoferol alfa; D; D-D2+D3; K-filoquinona; Tiamina; Riboflavina; Niacina)

Calorías 54

6. Batido proteico de Vainilla

Ingredientes:

1 vaso de leche desnatada

½ vaso de agua

1 cucharadita de extracto de vainilla

1 cucharadita de vainilla picada

¼ cucharadita de canela

2 cucharadita de azúcar negra

Preparación:

Mezclar la miel con el agua, y hervir a baja temperatura. Agregar la vainilla picada y el extracto. Revolver bien y dejar hervir por un minuto. Remover del fuego y dejar enfriar. Mezclar con el resto de los ingredientes en una licuadora. Servir frío.

Valores nutricionales para 1 vaso:

Carbohidratos 10.12g

Azúcar 6.05g

Proteína 4.66g

Grasas totales 1.65g

Sodio 79mg

Potasio 203.4mg

Calcio 92mg

Hierro 1.98mg

Vitaminas (Ácido ascórbico total de vitamina C; B-6; B-12; Folato-DFE; A-RAE; A-IU; D; D-D2+D3; K-filoquinona; Tiamina; Riboflavina; Niacina)

Calorías 79

7. Batido proteico de brócoli

Ingredientes:

1 taza de brócoli cocido

1 vaso de agua

1 taza de fresas de Goji

1 cucharadita de azúcar negra

Preparación:

Mezclar los ingredientes en una licuadora por algunos minutos. Servir esta bebida saludable fría.

Valores nutricionales para 1 vaso:

Carbohidratos 9.31g

Azúcar 5.19g

Proteína 4.83g

Grasas totales 1.67g

Sodio 78mg

Potasio 201mg

Calcio 86mg

Hierro 1.13mg

Vitaminas (Ácido ascórbico total de vitamina C; B-6; B-12; A-RAE; A-IU; D; D-D2+D3; K-filoquinona; Tiamina; Riboflavina; Niacina)

Calorías 68.3

8. Batido proteico de café

Ingredientes:

1 taza de café frío sin azúcar

½ taza de leche desnatada

2 cucharadita de extracto de vainilla

2 cucharadita de azúcar negra

1 cucharada de yogurt griego

Canela (opcional)

Preparación:

Combinar todos los ingredientes en la licuadora. Mezclar bien por 30 segundos. Servir frío. Puede agregar canela por encima, pero es opcional. Dejar este batido proteico en la nevera, o puede incluso congelarlo para usar luego.

Valores nutricionales para 1 vaso:

Carbohidratos 8.54g

Azúcar 5.73g

Proteína 8.78g

Grasas totales 2.04g

Sodio 69mg

Potasio 227mg

Calcio 117mg

Hierro 2.79mg

Vitaminas (Ácido ascórbico total de vitamina C; B-6; B-12; Folato-DFE; A-RAE; A-IU; D; D-D2+D3; K-filoquinona; Tiamina; Riboflavina; Niacina)

Calorías 71.3

9. Batido proteico de manzana y naranja

Ingredientes:

- 1 manzana pequeña
- 1 naranja pequeña
- ½ vaso de agua
- 1 cucharadita de azúcar negra
- 1 cucharadita de miel
- 1 cucharadita de almendras cortadas

Preparación:

Poner todos los ingredientes en la licuadora por unos minutos. Servir frío.

Valores nutricionales para 1 vaso:

Carbohidratos 12.31g

Azúcar 8.73g

Proteína 6.98g

Grasas totales 3.09g

Sodio 81mg

Potasio 265.9mg

Calcio 109mg

Hierro 1.54mg

Vitaminas (Ácido ascórbico total de vitamina C; B-6; B-12; Folato-DFE; A-RAE; A-IU; E-tocoferol alfa; D; D-D2+D3; K-filoquinona; Tiamina; Riboflavina; Niacina)

Calorías 73.1

10. Batido de frutas

Ingredientes:

1 taza de arándanos

1 banana

½ cucharadita de canela

½ vaso de leche desnatada

1 cucharada de jarabe de agave

Preparación:

Pelar la banana y cortar en piezas pequeñas. Combinar el jarabe de agave con la leche desnatada y hervir. Dejar enfriar. Mezclar los ingredientes en una licuadora por 30 segundos. Espolvorear con canela y servir frío.

Valores nutricionales para one vaso:

Carbohidratos 11.12g

Azúcar 9.34g

Proteína 6.52g

Grasas totales 3.21g

Sodio 93mg

Potasio 208.31mg

Calcio 113mg

Hierro 3.21mg

Vitaminas (Ácido ascórbico total de vitamina C; B-6; B-12; Folato-DFE; A-RAE; A-IU; E-tocoferol alfa; D; D-D2+D3; K-filoquinona; Tiamina; Riboflavina; Niacina)

Calorías 79.9

11. Batido proteico de harina de avena

Ingredientes:

½ tazas de harina de avena

1 taza de leche desnatada

¼ taza de agua

1 cucharadita de extracto de vainilla

½ banana

Preparación:

Esta receta solo lleva unos minutos de preparación y es muy sabrosa. Todo lo que querrá hacer es combinar los ingredientes en una licuadora y mezclar hasta obtener una mezcla homogénear. Dejar en la nevera por 30 minutos. Puede espolvorear canela sobre el batido.

Valores nutricionales para 1 vaso:

Carbohidratos 13.32g

Azúcar 7.17g

Proteína 6.91g

Grasas totales 3.99g

Sodio 92mg

Potasio 263.2mg

Calcio 119mg

Hierro 2.92mg

Vitaminas (Ácido ascórbico total de vitamina C; B-6; B-12; Folato-DFE; A-RAE; A-IU; D; D-D2+D3; K-filoquinona; Tiamina; Riboflavina)

Calorías 89

12. Batido proteico de menta

Ingredientes:

2 tazas de leche desnatada

1 cucharaditade polvo de cacao

1 cucharadita de almendras ralladas

1 cucharada de crema libre de grasa

½ cucharadita de extracto de menta

Preparación:

Hervir la leche a baja temperatura. Agregar el extracto de menta y el polvo de cacao. Revolver bien por 2-3 minutos. Remover del fuego y dejar enfriar por 30 minutos. Mezclar con las almendras y la crema, y poner en una licuadora por 30 segundos.

Valores nutricionales para 1 vaso:

Carbohidratos 10.32g

Azúcar 7.34g

Proteína 6.81g

Grasas totales 3.08g

Sodio 85.9mg

Potasio 243.3mg

Calcio 121mg

Hierro 1.09mg

Vitaminas (Ácido ascórbico total de vitamina C; B-6; B-12; Folato-DFE; A-RAE; A-IU; E-tocoferol alfa; D; D-D2+D3; K-filoquinona; Tiamina; Riboflavina; Niacina)

Calorías 68.2

13. Flaxseed oil Batido proteico

Ingredientes:

½ taza de agua

½ taza de leche desnatada

1 cucharada de nueces ralladas

1 cucharada de fresas de Goji

1 cucharada de aceite de linaza

1 cucharadita de extracto de vainilla

1 cucharada de azúcar negra

Preparación:

Mezclar los ingredientes en una licuadora por 40 segundos, o hasta lograr una mezcla homogénea. Dejar en la nevera y servir frío.

Valores nutricionales para 1 vaso:

Carbohidratos 14.31g

Azúcar 9.19g

Proteína 7.81g

Grasas totales 3.09g

Sodio 83mg

Potasio 279.9mg

Calcio 129mg

Hierro 3.09mg

Vitaminas (Ácido ascórbico total de vitamina C; B-6; B-12; Folato-DFE; A-RAE; A-IU; E-tocoferol alfa; D; D-D2+D3; K-filoquinona; Tiamina; Riboflavina; Niacina)

Calorías 113

14. Batido proteico de canela

Ingredientes:

1 vaso de leche desnatada

1 cucharadita de polvo de cacao

1 cucharada de pasas de uva

1 cucharada de semillas de calabaza

¼ cucharadita de canela

Preparación:

Mezclar en una licuadora hasta obtener una mezcla homogénea. Servir con cubos de hielo. Puede espolvorear canela sobre el batido antes de servir.

Valores nutricionales para 1 vaso:

Carbohidratos 12.9g

Azúcar 9.27g

Proteína 7.75g

Grasas totales 4.57g

Sodio 92.3mg

Potasio 262.7mg

Calcio 123.5mg

Hierro 5.21mg

Vitaminas (Ácido ascórbico total de vitamina C; B-6; B-12; Folato-DFE; A-RAE; A-IU; E-tocoferol alfa; D; D-D2+D3; K-filoquinona; Tiamina; Riboflavina; Niacina)

Calorías 86.7

15. Batido proteico de almendras

Ingredientes:

1 taza de leche desnatada

½ taza de agua

2 claras de huevo

1 cucharada de almendras ralladas

1 cucharada de miel

½ taza de harina de avena

Preparación:

Separar las claras de huevo de las yemas. Combinar con los otros ingredientes y mezclar en una licuadora por 30-40 segundos. Dejar enfriar en la nevera. Servir frío.

Valores nutricionales para 1 vaso:

Carbohidratos 14.31g

Azúcar 9.19g

Proteína 7.91g

Grasas totales 4.54g

Sodio 103mg

Potasio 287.9mg

Calcio 122mg

Hierro 4.29mg

Vitaminas (Vitamin C; B-6; B-12; Folato-DFE; A-RAE; A-IU; E-tocoferol alfa; D; D-D2+D3; K; Tiamina; Riboflavina; Niacina)

Calorías 91

16. Batido proteico de banana

Ingredientes:

1 large banana

1 taza de leche desnatada

½ taza de agua

1 cucharadita de extracto de vainilla

1 cucharada de jarabe de agave

Preparación:

Pelar y cortar la banana en cubos pequeños. Combinar con los otros ingredientes en una licuadora y mezclar por 30 segundos, hasta obtener una mezcla homogénea. Dejar en la nevera y servir frío.

Valores nutricionales para 1 vaso:

Carbohidratos 10.11g

Azúcar 7.17g

Proteína 8.91g

Grasas totales 3.23g

Sodio 95mg

Potasio 612.9mg

Calcio 119mg

Hierro 2.88mg

Vitaminas (Ácido ascórbico total de vitamina C; B-6; B-12; Folato-DFE; A-RAE; A-IU; E-tocoferol alfa; D; D-D2+D3; K-filoquinona; Tiamina; Riboflavina; Niacina)

Calorías 88

17. Batido proteico de copos de salvado

Ingredientes:

1 taza de leche desnatada

½ taza de agua

½ taza de copos de salvado

1 cucharada de azúcar negra

1 cucharada de miel

1 cucharadita de cacao

Preparación:

Mezclar en una licuadora por 30-40 segundos, o hasta obtener una mezcla homogénea. Puede agregar canela, pero es opcional. Dejar enfriar en la nevera por una hora. Servir frío.

Valores nutricionales para 1 vaso:

Carbohidratos 11.7g

Azúcar 10.01g

Proteína 5.32g

Grasas totales 3.65g

Sodio 86.5mg

Potasio 262mg

Calcio 111mg

Hierro 3.75mg

Vitaminas (Ácido ascórbico total de vitamina C; B-6; B-12; Folato-DFE; A-RAE; A-IU; E;D; D-D2+D3; K-filoquinona; Tiamina; Riboflavina)

Calorías 78.7

18. Batido proteico de bayas silvestres

Ingredientes:

½ taza de bayas silvestres

½ taza de jugo de bayas silvestres

½ taza de agua

1 cucharadita de extracto de moras

2 claras de huevo

1 puñado de hielo

Preparación:

Separar las claras de huevo de las yemas. Combinar con los otros ingredientes y mezclar en una licuadora por 30 segundos. Servir frío.

Valores nutricionales para 1 vaso:

Carbohidratos 13.01g

Azúcar 9g

Proteína 7.8g

Grasas totales 1.95g

Sodio 98mg

Potasio234.7mg

Calcio 110mg

Hierro 3.04mg

Vitaminas (Ácido ascórbico total de vitamina C; B-6; B-12; Folato-DFE; A-RAE; A-IU; E-tocoferol alfa; D; D-D2+D3; K-filoquinona; Tiamina; Riboflavina; Niacina)

Calorías 68

19. Batido proteico de nueces

Ingredientes:

1 taza de leche de coco

½ taza de nueces ralladas

½ taza de espinaca finamente cortada

1 huevo entero

2 cucharada de azúcar negra

1 cucharadita de extracto de nuez

Preparación:

Combinar los ingredientes en una licuadora y mezclar por 30-40 segundos. Agregar cubos de hielo antes de servir.

Valores nutricionales para 1 vaso:

Carbohidratos 11.27g

Azúcar 8.11g

Proteína 5.85g

Grasas totales 2.94g

Sodio 85mg

Potasio 259.6mg

Calcio 113mg

Hierro 2.03mg

Vitaminas (Ácido ascórbico total de vitamina C; B-6; B-12; Folato-DFE; A-RAE; A-IU; E-tocoferol alfa; D; D-D2+D3; K-filoquinona; Tiamina; Riboflavina; Niacina)

Calorías 72.6

20. Batido proteico de yogurt griego

Ingredientes:

1 taza de yogurt griego

1 cucharada de miel

1 cucharada de azúcar negra

¼ taza de leche desnatada

1 cucharadita de manteca de almendra

¼ cucharadita de canela

Preparación:

Combinar la leche, manteca de almendra y azúcar negra en una cacerola. Revolver bien y dejar hervir, a baja temperatura, por 2 minutos. Remover del fuego y dejar enfriar por 15 minutos. Poner la mezcla en una licuadora y agregar los otros ingredientes. Mezclar bien por 30-40 segundos y dejar en la nevera para enfriar.

Valores nutricionales para 1 vaso:

Carbohidratos 13.1g

Azúcar 9g

Proteína 7.91g

Grasas totales 3.03g

Sodio 95mg

Potasio 259mg

Calcio 119mg

Hierro 3mg

Vitaminas (Ácido ascórbico total de vitamina C; B-6; B-12; Folato-DFE; A-RAE; A-IU; E-tocoferol alfa; D; D-D2+D3; K-filoquinona; Tiamina; Riboflavina; Niacina)

Calorías 70

21. Batido proteico con huevos

Ingredientes:

1 taza de leche desnatada

½ taza de agua

1 cucharada de yogurt griego

3 huevos

1 cucharadita de extracto de vainilla

1 cucharada de azúcar negra

Preparación:

Combinar los ingredientes en una licuadora y mezclar hasta obtener una mezcla homogénea. Servir frío.

Valores nutricionales para 1 vaso:

Carbohidratos 10g

Azúcar 6.02g

Proteína 9.84g

Grasas totales 3.94g

Sodio 95mg

Potasio 212.2mg

Calcio 123mg

Hierro 2.43mg

Vitaminas (Vitamin C;B-6; B-12; Folato-DFE; A-RAE; A-IU; D; D-D2+D3; K-filoquinona; Tiamina; Riboflavina; Niacina)

Calorías 72

22. Batido proteico de mantequilla de maní

Ingredientes:

1 taza de leche desnatada

¼ taza de maní cortado finamente

1 cucharada de mantequilla de maní

1 cucharada de azúcar negra

1cucharada de fresas de Goji

1 manzana verde pequeña

Preparación:

Pelar y cortar la manzana en rebanadas finas. Usar una cacerola para derretir la mantequilla de maní a baja temperatura. Agregar el azúcar negra y revolver bien por 30 segundos. Remover del fuego y dejar enfriar. Mientras tanto, mezclar los otros ingredientes en una licuadora por 30-40 segundos. Dejar en la nevera por lo menos por 30 minutos para enfriar.

Valores nutricionales para 1 vaso:

Carbohidratos 13.2g

Azúcar 10.7g

Proteína 11.6g

Grasas totales 2.8g

Sodio 97mg

Potasio 259mg

Calcio 134.3mg

Hierro 3.09mg

Vitaminas (Ácido ascórbico total de vitamina C; B-6; B-12; Folato-DFE; A-RAE; A-IU; E-tocoferol alfa; D; D-D2+D3; K-filoquinona; Tiamina; Riboflavina; Niacina)

Calorías 88.4

23. Batido proteico enérgico

Ingredientes:

1 cucharada de almendras ralladas

1 cucharada de nueces ralladas

1 cucharada de nueces de macadamia ralladas

1 taza de aronia

1 banana mediana

1 vaso de jugo de naranja fresco

1 vaso de agua

2 claras de huevo

2 cucharada de miel

1 cucharada de azúcar negra

Preparación:

Este batido proteico es muy fácil de preparar. Simplemente combine los ingredientes en una licuadora y mezcle bien por 40 segundos. Enfriar bien antes de servir.

Valores nutricionales para 1 vaso:

Carbohidratos 17.47g

Azúcar 14.03g

Proteína 15.8g

Grasas totales 7.94g

Sodio 175mg

Potasio 369mg

Calcio 189mg

Hierro 6.09mg

Vitaminas (Ácido ascórbico total de vitamina C; B-6; B-12; Folato-DFE; A-RAE; A-IU; E-tocoferol alfa; D; D-D2+D3; K-filoquinona; Tiamina; Riboflavina; Niacina)

Calorías 149

24. Batido proteico de pistacho

Ingredientes:

1 taza de leche desnatada

¼ taza de pistachos cortados finamente

1 cucharada de mantequilla de maní

1 cucharada de miel

1 puñado de hielo

Preparación:

Mezclar los ingredientes en una licuadora hasta obtener una mezcla homogénea.

Valores nutricionales para 1 vaso:

Carbohidratos 13.4g

Azúcar 9.15g

Proteína 7.81g

Grasas totales 5.91g

Sodio 105mg

Potasio 287mg

Calcio 115mg

Hierro 3.03mg

Vitaminas (Ácido ascórbico total de vitamina C; B-6; B-12; Folato-DFE; A-RAE; A-IU; E-tocoferol alfa; D; D-D2+D3; K-filoquinona; Tiamina; Riboflavina; Niacina)

Calorías 81

25. Batido proteico de mantequilla de almendra

Ingredientes:

1 taza de leche desnatada

½ taza de agua

½ taza de harina de avena

1 cucharada de azúcar negra

2 cucharada de manteca de almendra

1 cucharadita de extracto de almendra

¼ taza de leche de almendra

Preparación:

Hervir la leche de almendra a baja temperatura. Agregar el extracto y manteca de almendra, y el azúcar negra. Revolver bien y dejar hervir por 30-40 segundos. Remover del fuego y enfriar. Combinar con los otros ingredientes en una licuadora y mezclar bien por 30 segundos. Servir frío.

Valores nutricionales para 1 vaso:

Carbohidratos 15.3g

Azúcar 8.11g

Proteína 9.83g

Grasas totales 7.81g

Sodio 106mg

Potasio 297.2mg

Calcio 125mg

Hierro 4.09mg

Vitaminas (Ácido ascórbico total de vitamina C; B-6; B-12; Folato-DFE; A-RAE; A-IU; E-tocoferol alfa; D; D-D2+D3; K-filoquinona; Tiamina; Riboflavina; Niacina)

Calorías 73

26. Batido proteico de manzanas verdes

Ingredientes:

1 manzana verde

2 claras de huevo

1 vaso de jugo de manzana fresco

1 cucharada de nueces ralladas

¼ cucharadita de canela

Preparación:

Pelar y cortar la manzana en rebanadas finas. Separar las claras de huevo de las yemas. Mezclar con el resto de los ingredientes en una licuadora por 30-40 segundos. Servir con cubos de hielo.

Valores nutricionales para 1 vaso:

Carbohidratos 11g

Azúcar 8g

Proteína 8.92g

Grasas totales 3.44g

Sodio 92mg

Potasio 212.4mg

Calcio 103mg

Hierro 3.03mg

Vitaminas (Ácido ascórbico total de vitamina C; B-6; B-12; Folato-DFE; A-RAE; A-IU; E-tocoferol alfa; D; D-D2+D3; K-filoquinona; Tiamina; Riboflavina; Niacina)

Calorías 62

27. Batido proteico de miel y banana

Ingredientes:

1 taza de leche desnatada

1 banana mediana

1 cucharada de miel

1 cucharadita de extracto de banana

1 cucharada de yogurt griego

1 cucharada de crema sin grasas

Preparación:

Pelar y cortar la banana en cubos pequeños. Mezclar con los otros ingredientes en una licuadora por 30-40 segundos y dejar enfriar en la nevera por una hora. Servir frío

Valores nutricionales para 1 vaso:

Carbohidratos 12.7g

Azúcar 7.1g

Proteína 9.92g

Grasas totales 2.94g

Sodio 85mg

Potasio 249.5mg

Calcio 133mg

Hierro 3mg

Vitaminas (Ácido ascórbico total de vitamina C; B-6; B-12; Folato-DFE; A-RAE; A-IU; E-tocoferol alfa; D; D-D2+D3; K-filoquinona; Tiamina; Riboflavina; Niacina)

Calorías 68.9

28. Batido proteico de frutos secos mixtos

Ingredientes:

1 cucharadita de almendras ralladas

1 cucharadita de nueces ralladas

1 cucharadita de avellanas rallladas

1 cucharadita de nueces de macadamia ralladas

1 vaso de jugo de naranja fresco

1 cucharada de jarabe de agave

1 cucharada de helado de naranja sin grasas

1 puñado de hielo

Preparación:

Mezclar los ingredientes en una licuadora por 30-40 segundos.

Valores nutricionales para 1 vaso:

Carbohidratos 15.19g

Azúcar 11.23g

Proteína 9.85g

Grasas totales 6.64g

Sodio 115mg

Potasio 309.6mg

Calcio 121mg

Hierro 5.03mg

Vitaminas (Ácido ascórbico total de vitamina C; B-6; B-12; Folato-DFE; A-RAE; A-IU; E-tocoferol alfa; D; D-D2+D3; K-filoquinona; Tiamina; Riboflavina; Niacina)

Calorías 98.3

29. Batido proteico de ananá

Ingredientes:

1 taza de ananá fresco cortado

1 taza de jugo de ananá fresco

2 claras de huevo

1 cucharada de azúcar negra

1 cucharadita de extracto de ananá

2 cerezas para decorar

Preparación:

Separar las claras de huevo de las yemas. Mezclar con los otros ingredientes en una licuadora por 30-40 segundos. Servir con hielo y las cerezas.

Valores nutricionales para 1 vaso:

Carbohidratos 11.34g

Azúcar 8.11g

Proteína 6.85g

Grasas totales 1.84g

Sodio 84mg

Potasio 209.6mg

Calcio 103mg

Hierro 1.93mg

Vitaminas (Ácido ascórbico total de vitamina C; B-6; B-12; Folato-DFE; A-RAE; A-IU; E-tocoferol alfa; D; D-D2+D3; K-filoquinona; Tiamina; Riboflavina; Niacina)

Calorías 58.9

30. Batido proteico exótico

Ingredientes:

1 taza de leche de coco

½ banana

½ taza de ananá cortado

1 cucharadita of coconut extract

2 cucharada de crema agria baja en grasas

2 cucharada de azúcar negra

Preparación:

Combinar los ingredientes en una licuadora por 30-40 segundos y mezclar bien hasta alcanzar una mezcla homogénea. Servir con cubos de hielo.

Valores nutricionales para 1 vaso:

Carbohidratos 11.17g

Azúcar 8.31g

Proteína 5.85g

Grasas totales 2.44g

Sodio 82mg

Potasio 279.6mg

Calcio 114mg

Hierro 2.3mg

Vitaminas (Ácido ascórbico total de vitamina C; B-6; B-12; Folato-DFE; A-RAE; A-IU; E-tocoferol alfa; D; D-D2+D3; K-filoquinona; Tiamina; Riboflavina; Niacina)

Calorías 72

31. Batido proteico de durazno y crema

Ingredientes:

1 durazno mediano

1 vaso de leche de almendra

1 cucharada de crema agria baja en grasas

1 cucharada de yogurt griego

1 cucharadita de extracto de durazno

1 cucharada de miel

1 cucharadita de semillas de calabaza

1 puñado de hielo

Preparación:

Cortar el durazno en piezas pequeñas. Mezclar con los otros ingredientes en una licuadora hasta obtener una mezcla homogénea.

Valores nutricionales para 1 vaso:

Carbohidratos 13.27g

Azúcar 9.11g

Proteína 7.85g

Grasas totales 4.94g

Sodio 85mg

Potasio 259mg

Calcio 103mg

Hierro 2.93mg

Vitaminas (Ácido ascórbico total de vitamina C; B-6; B-12; Folato-DFE; A-RAE; A-IU; E-tocoferol alfa; D; D-D2+D3; K-filoquinona; Tiamina; Riboflavina; Niacina)

Calorías 70

32. Batido proteico de yogurt griego de vainilla

Ingredientes:

1 taza de yogurt griego de vainilla

1 taza de leche desnatada

1 cucharada de nueces de macadamia ralladas

1 banana mediana

½ taza de fresas

1 cucharadita de extracto de vainilla

Preparación:

Pelar la banana y cortar en cubos pequeños. Combinar con los otros ingredientes en una licuadora hasta obtener una mezcla homogénea, por 30-40 segundos. Puede espolvorear polvo de vainilla sobre el batido, pero es opcional. Servir frío.

Valores nutricionales para 1 vaso:

Carbohidratos 12.2g

Azúcar 6.1g

Proteína 9.85g

Grasas totales 3.4g

Sodio 79mg

Potasio 216.6mg

Calcio 111mg

Hierro 2.3mg

Vitaminas (Ácido ascórbico total de vitamina C; B-6; B-12; Folato-DFE; A-RAE; A-IU; E-tocoferol alfa; D; D-D2+D3; K-filoquinona; Tiamina; Riboflavina; Niacina)

Calorías 78

33. Batido de potencia de ciruela

Ingredientes:

3 ciruelas maduras, sin carozo

1 taza de leche desnatada

½ taza de nueces

¼ taza de jarabe de agave

Preparación:

Mezclar los ingredientes en una licuadora por 30-40 segundos. Servir frío.

Valores nutricionales para 1 vaso:

Carbohidratos 12.21g

Azúcar 5.98g

Proteína 6.23g

Grasas totales 2.31g

Sodio 82.5mg

Potasio 217.8mg

Calcio 124.3mg

Hierro 1.27mg

Vitaminas (Ácido ascórbico total de vitamina C; B-6; B-12; Folato-DFE; A-RAE; A-IU; E-tocoferol alfa; D; D-D2+D3; K-filoquinona; Tiamina; Riboflavina; Niacina)

Calorías 56.4

34. Batido proteico de limón

Ingredientes:

1 vaso de limonada sin azúcar

1 cucharada de ralladura de limón

2 cucharada de azúcar negra

½ taza de queso cottage

1 cucharada de extracto de vainilla

1 cucharada de galletas de avena

Preparación:

Poner los ingredientes en una licuadora y mezclar hasta obtener una consistencia cremosa.Put the Ingredientes into a blender and blend until you get a creamy consistency. Servir en un vaso y espolvorear con galletas de avena. Servir frío

Valores nutricionales para 1 vaso:

Carbohidratos 9.27g

Azúcar 6.11g

Proteína 8.85g

Grasas totales 4.94g

Sodio 86mg

Potasio 211.4mg

Calcio 115mg

Hierro 1.05mg

Vitaminas (Ácido ascórbico total de vitamina C; B-6; B-12; Folato-DFE; A-RAE; A-IU; E-tocoferol alfa; D; D-D2+D3; K-filoquinona; Tiamina; Riboflavina; Niacina)

Calorías 57.6

35. Batido proteico de caramelo

Ingredientes:

1 taza de leche desnatada

½ taza de azúcar negra

½ cucharadita de canela

1 cucharadita de extracto de chocolate

1 cucharada de almendras ralladas

1 pera mediana

2 cucharada de yogurt griego

Preparación:

Usar una cacerola para derretir el azúcar a baja temperatura. Lentamente agregar la leche y revolver bien por 1 minuto. El azúcar se convertirá en caramelo. Remover del fuego y dejar enfriar por un rato. Mientras tanto, cortar la pera en piezas pequeñas, combinar con el resto de los ingredientes en una licuadora, agregar el caramelo y mezclar por 40 segundos. Servir el batido proteico en un vaso, espolvorear con canela y agregar cubos de hielo.

Valores nutricionales para 1 vaso:

Carbohidratos 12.37g

Azúcar 8.42g

Proteína 6.85g

Grasas totales 2.74g

Sodio 83mg

Potasio 239.6mg

Calcio 112mg

Hierro 2.05mg

Vitaminas (Ácido ascórbico total de vitamina C; B-6; B-12; Folato-DFE; A-RAE; A-IU; E-tocoferol alfa; D; D-D2+D3; K-filoquinona; Tiamina; Riboflavina; Niacina)

Calorías 72.7

36. Batido proteico de avellanas

Ingredientes:

1 taza de leche desnatada

½ taza de yogurt griego de chocolate

1 cucharaditade polvo de cacao

2 cucharada de avellanas rallladas

1 cucharada de azúcar negra

2 claras de huevo

Preparación:

Combinar los ingredientes en una licuadora y mezclar hasta obtener una mezcla cremosa. Dejar enfriar en la nevera por 30 minutos.

Valores nutricionales para 1 vaso:

Carbohidratos 11.27g

Azúcar 8.13g

Proteína 9.84g

Grasas totales 2.94g

Sodio 82mg

Potasio 253.6mg

Calcio 112mg

Hierro 2.08mg

Vitaminas (Ácido ascórbico total de vitamina C; B-6; B-12; Folato-DFE; A-RAE; A-IU; E-tocoferol alfa; D; D-D2+D3; K-filoquinona; Tiamina; Riboflavina; Niacina)

Calorías 62.6

37. Batido proteico de café y chocolate

Ingredientes:

1 taza de café negro sin azúcar

½ taza de crema baja en grasas

3 cucharada de yogurt griego

1 cucharada de azúcar negra

1 cucharadita de cacao

¼ taza de chocolate negro rallado (80% chocolate)

1 cucharada de avellanas rallladas

Preparación:

Mezclar los ingredientes en una licuadora por 30-40 segundos. Dejar en la nevera y servir con cubos de hielo. Espolvoread con avellanas.

Valores nutricionales para 1 vaso:

Carbohidratos 15.27g

Azúcar 8.51g

Proteína 10.83g

Grasas totales 6.94g

Sodio 83mg

Potasio 259.3mg

Calcio 143mg

Hierro 2.23mg

Vitaminas (Ácido ascórbico total de vitamina C; B-6; B-12; Folato-DFE; A-RAE; A-IU; E-tocoferol alfa; D; D-D2+D3; K-filoquinona; Tiamina; Riboflavina; Niacina)

Calorías 74

38. Batido proteico de cereza

Ingredientes:

1 taza de jugo de cereza

1 taza de cerezas

½ taza de yogurt griego

1 cucharadita de extracto de cereza

1 cucharada de azúcar negra

1 puñado de hielo

Preparación:

Solo necesitará mezclar los ingredientes en una licuadora por 30 segundos. Servir frío

Valores nutricionales para 1 vaso:

Carbohidratos 10.67g

Azúcar 8.11g

Proteína 8.65g

Grasas totales 2.54g

Sodio 95mg

Potasio 159.6mg

Calcio 93mg

Hierro 1.03mg

Vitaminas (Ácido ascórbico total de vitamina C; B-6; B-12; A-RAE; A-IU; E-tocoferol alfa; D; K-filoquinona; Tiamina; Riboflavina; Niacina)

Calorías 74.6

39. Batido proteico de mango

Ingredientes:

1 taza de mango cortado

½ taza de harina de avena

1 cucharadita de semillas de calabaza

1 cucharadita de manteca de almendra

1 taza de leche desnatada

1 cucharada de crema baja en grasas

2 cucharada de azúcar negra

Preparación:

Combinar los ingredientes y mezclar hasta que se incorporen. Espolvorear con polvo de mango (opcional). Servir frío.

Valores nutricionales para 1 vaso:

Carbohidratos 14.24g

Azúcar 8.11g

Proteína 10.85g

Grasas totales 6.94g

Sodio 75mg

Potasio 249.6mg

Calcio 103mg

Hierro 2.93mg

Vitaminas (Ácido ascórbico total de vitamina C; B-6; B-12; Folato-DFE; A-RAE; A-IU; E-tocoferol alfa; D; D-D2+D3; K-filoquinona; Tiamina; Riboflavina; Niacina)

Calorías 82.6

40. Batido proteico placer del bosque

Ingredientes:

1 taza de jugo de manzana fresco

½ taza de agua

½ manzana verde mediana

½ zanahoria mediana

½ durazno pequeño

½ taza de frutos del bosque mixtos (frambuesas, fresas, moras)

½ taza de queso cottage

1 cucharada de jarabe de agave

Preparación:

Mezclar en una licuadora hasta obtener una mezcla homogénea. Dejar enfriar en la nevera por un rato.

Valores nutricionales para 1 vaso:

Carbohidratos 11.27g

Azúcar 8.41g

Proteína 9.85g

Grasas totales 4.94g

Sodio 84mg

Potasio 159.6mg

Calcio 84mg

Hierro 1.3mg

Vitaminas (Ácido ascórbico total de vitamina C; B-6; B-12; Folato-DFE; A-RAE; A-IU; E-tocoferol alfa; D; D-D2+D3; K-filoquinona; Tiamina; Riboflavina; Niacina)

Calorías 59

41. Batido proteico de jengibre

Ingredientes:

1 banana mediana

1 taza de yogurt bajo en grasas

1 taza de espinaca finamente cortada

1 cucharadita de jengibre rallado

2 claras de huevo

1 cucharadita de jugo de limón

2 cucharada de miel

Preparación:

Separar las claras de huevo de las yemas. Mezclar con los otros ingredientes en una licuadora por 30 segundos, hasta obtener una mezcla espumosa.

Valores nutricionales para 1 vaso:

Carbohidratos 10g

Azúcar 5.11g

Proteína 9.85g

Grasas totales 4.94g

Sodio 83mg

Potasio 229.6mg

Calcio 115mg

Hierro 2.13mg

Vitaminas (Ácido ascórbico total de vitamina C; B-6; B-12; Folato-DFE; A-RAE; A-IU; E-tocoferol alfa; D; D-D2+D3; K-filoquinona; Tiamina; Riboflavina; Niacina)

Calorías 74.6

42. Batido proteico de papaya

Ingredientes:

1 taza de puré de papaya

½ taza de harina de avena

1 taza de leche desnatada

½ taza de agua

1 cucharada de fresas de Goji

1 cucharada de jarabe de agave

2 cucharada de azúcar negra

Preparación:

Combinar los ingredientes en una licuadora y mezclar hasta obtener una mezcla homogénea. Servir con hielo.

Valores nutricionales para 1 vaso:

Carbohidratos 11.2g

Azúcar 7.11g

Proteína 9.85g

Grasas totales 2.44g

Sodio 84mg

Potasio 178.6mg

Calcio 113mg

Hierro 2.03mg

Vitaminas (Ácido ascórbico total de vitamina C; B-6; B-12; Folato-DFE; A-RAE; A-IU; E-tocoferol alfa; D; D-D2+D3; K-filoquinona; Tiamina; Riboflavina; Niacina)

Calorías 69.5

43. Batido proteico de arándanos

Ingredientes:

1 taza de leche desnatada

1 taza de arándanos

1 cucharada de azúcar negra

1 cucharadita de extracto de menta

Preparación:

Muy simple de preparar. Este batido proteico es muy refrescante y solo lleva 2-3 minutos preparalo. Solo mezcle los ingredientes en una licuadora por 30 segundos y sirva con hielo.

Valores nutricionales para 1 vaso:

Carbohidratos 7g

Azúcar 3.11g

Proteína 5.8g

Grasas totales 1.94g

Sodio 65mg

Potasio 159.3mg

Calcio 87mg

Hierro 1.03mg

Vitaminas (Ácido ascórbico total de vitamina C; B-6; B-12; Folato-DFE; A-RAE; A-IU; E-tocoferol alfa; D; D-D2+D3; K-filoquinona; Tiamina; Riboflavina; Niacina)

Calorías 54

44. Batido proteico de pastel de calabaza

Ingredientes:

1 taza de pure de calabaza

1 taza de leche desnatada

1 cucharada de azúcar negra

2 claras de huevo

1 banana mediana

1 manzana verde pequeña

1 cucharadita de canela

Preparación:

Separar las claras de huevo de las yemas. Pelar y rallar la manzana. Cortar la banana en piezas pequeñas y combinar todoso los ingredientes en una licuadora por 30-40 segundos. Espolvorear con canela y dejar en la nevera para enfriar.

Valores nutricionales para 1 vaso:

Carbohidratos 11.36g

Azúcar 8.03g

Proteína 10.23g

Grasas totales 3.87g

Sodio 79.43mg

Potasio 208.1mg

Calcio 104.9mg

Hierro 1.89mg

Vitaminas (Ácido ascórbico total de vitamina C; B-6; B-12; Folato-DFE; A-RAE; A-IU; E-tocoferol alfa; D; D-D2+D3; K-filoquinona; Tiamina; Riboflavina; Niacina)

Calorías 72.7

OTROS GRANDES TÍTULOS DE ESTE AUTOR

www.ingramcontent.com/pod-product-compliance
Lightning Source LLC
Chambersburg PA
CBHW071748080526
44588CB00013B/2187